Blasius Vitalis Seywald

Kleine Kosmographia

Summarische Beschreibung der ganzen Welt

Blasius Vitalis Seywald

Kleine Kosmographia
Summarische Beschreibung der ganzen Welt

ISBN/EAN: 9783743607040

Hergestellt in Europa, USA, Kanada, Australien, Japan

Cover: Foto ©Andreas Hilbeck / pixelio.de

Weitere Bücher finden Sie auf **www.hansebooks.com**

Kleine COSMOGRAPHIA,

Oder
Summarische Beschreibung der gantzen Welt.

Von den vier Theilen der Erden/ ASIA, EUROPA, AFRICA und AMERICA.
Wie auch
Von den 4. Elementen/ was darinnen geschicht/ woher die Winde kommen/ von Erdbeben Finsternissen/ Sonn und Mond/ von allen Geschöpffen Gottes/ von den Engeln/ Himmel/ Gestirn/ Planeten/ und wie alle Creaturen erschaffen und wieder ein Ende nehmen.

ERFURDT/
Druckts Johann Georg Hertz/
Im Jahr 1680.

Vorrede
An den Günstigen Leser.

Dieses Büchlein heist AURATA GEMMA, das ist ein Erleuchter der Teutschen / dann man findet hierinnen Lehren / die in andern Büchern verborgen seynd / gar schön und fein erklärt / auch was man in andern Büchern dunckels und unverständiges geschrieben /

das erkläret uns diß Büchlein in aller kürtz / darvon ein Mensch Weißheit überkommen kan / und was man in der Schrift weit muß zusammen suchen / das ist hierinnen mit wenig Worten begriffen. GOTT der je war / und allezeit ist ohn End / der sey des Büchleins ein Anfang.

DIS-

DISCURSUS
Zwischen den MAGISTER und DISCIPULO.

Das I. Capitel.
Vom Glauben.

Der Discipul fragt.

Was sollen wir glauben?

Magister Antwort.

Daß in GOtt drey Personen seynd / und die drey Personen eine wahre Gottheit ist.

Discipul.

Wie mag sich eine Gottheit in drey zertheilen? Magister.

Das will ich in ein Gleichniß erklären: An der Sonnen ist die Schöne / der Schein / und die Hitz / und ist doch nicht mehr als eine Sonn / wo deren drey eins ist / daselbst seynd die drey zusammen. Zu gleicher Weiß sind diese drey Namen eine wahre Gottheit / wo der Vater ist / da ist auch der Sohn / und da ist auch der H. Geist / wo der Sohn ist / da ist auch der Vater / und der H. Geist.

Disci-

Kleine Diſcipul.

Woher kompt das/ daß GOtt an allen Orten iſt/ und doch an einer ſtatt?

Magiſter.

Das Wort das ich rede / das iſt in aller Menſchen Ohren / die es von mir gehört haben/ nur daß es ſich gleich getheilet/ alſo iſt auch die Gottheit allenthalben ewiglichen.

Das II. Capitel.
Vom Geſchöpff des Himmels und der Erden.

Der Diſcipul fragt.

Durch was erſchuff GOtt die Welt?

Der Magiſter antwortet.

In GOtt ſeynd drey Eigenſchafften / die Gewalt / die Weißheit und die groſſe Güte; durch das erſchuff er die Welt/ daß Er daran dieſe drey Eigenſchafften erzeiget: Mit ſeiner Gewalt ſchuff Er die Welt: Mit ſeiner Weißheit hat er ſie gezieret: mit ſeiner Güte hat Er ſie beſtätiget/ und den Menſchen erlöſt.

Diſcipul.

Wie war es/ ehe die Welt erſchaffen ward?

Magiſter.

Es war nichts deñ eine Finſternüß/ die hieſſe
Chao-

Coſmographia.

Chaos, dann es waren die vier Elementen zuſammen geſchöpfft.

Diſcipul.

Welches waren die vier Elementa?

Magiſter.

Es war das Fewer / das Waſſer / die Lufft / und die Erde.

Diſcipul.

Was erſchuff GOtt am allererſten?

Magiſter.

Himmel und Erden / alsdann die Geſchöpf oder Welt / und zum letzten den Menſchen.

Das III. Capitel.
Vom Fall Lucifer und der Höllen.

Der Diſcipul fragt.

Wie hat geheiſſen der Engel?

Magiſter Antwort.

Nathanael / den hat GOtt alſo ſchön erſchaffen / daß er betrogen ward / von groſſem Ubermuth verſtoſſen von dem Himmel / und in Abgrund der Höllen fiel.

Diſcipul.

Wie lange war er in dem Himmel?

Magiſter.

Nicht mehr denn eine halbe Stunde.

A 4 Diſci-

Kleine

Discipul.

Wenn war die Höll erschaffen?

Magister.

In derselben Stund/ da der Teuffel gedacht daß er sich wieder GOtt wolt setzen / da ward die Höll erschaffen durch Gottes Gewalt.

Discipul.

Wo ist die Höll?

Magister.

Die wir heissen innerliche oder niederliche Höll/ ist an einem Ende der Erden/ und an stätten / daß vor Nebel und Finsterniß/ niemahls kein Mensch dahin kömpt.

Discipul.

Wie ist die Höll erschaffen?

Magister.

Die Höll ist oben eng / und unten weit / niemand weiß/ dann Gott allein/ den Grund fand nie kein Mensch / seine Bücher sagen uns/ daß manche Seel ewiglich darein falle/ und finde nimmermehr kein Grund.

Discipul.

Lieber Meister/ sag mir/ wie manchen Nahmen hat die Höll?

Magister.

In H. Schrifft wirds genennet Lacus Mortis, ein See des Todes/ Stagnus ignis, ein Hitz des

Coſmographia.
des Feuers/ Terra tenebroſa, das iſt ein finſtere Erden/ Tartarus, das bedeut die Marter/ denn da iſt immer Weinen und Zähnklappern.

Das II. Capitel.
Von des Himmels Lauff.

Der Diſcipul fragt.
Wie iſt der Himmel geſchaffen?
Magiſter.
Der Himmel wird genant Firmamentum, das bedeutet Veſtung/ der Himmel iſt alſo erſchaffen/ daß er allzeit laufft/ von Orient, biß Occident, da hingegen laufft die Sonne/ der Mond und das Geſtirn.
Diſcipul.
Wie komt das/ daß der Himmel allzeit laufft?
Magiſter.
Unter dem Himmel iſt kein Geſchöpff da er auffſtehet/ dann er iſt rund/ alſo erſchaffen/ daß er immer lauffen muß.
Diſcipul.
Wie iſt der Himmel erſchaffen?
Magiſter.
Er iſt erſchaffen van den vier Elementen/ den wir heiſſen Firmamentum und iſt gleich den grünen Waſſern.

Das V. Capitel.
Von der Sonnen / und wo Adam erschaffen sey.

Der Discipul fragt.

Die Sonn war den vierdten Tag erschaffen/ was leuchtet dann auf Erden/ ehe die Sonne schiene?

Der Magister Antwort.

Etliche Philosophi sagen/ daß GOtt hätte ein liechtes Gewölck erschaffen / darvon die Welt erleuchtet war.

Discipul.
Wo war Adam erschaffen?

Magister.
An der statt Ebron/ da führet ihn GOtt in das Paradieß/ gab allen Dingen Nahmen/ die GOtt erschaffen hat.

Discipul.
Wo war Eva erschaffen?

Magister.
Aus Adams Ripp im Paradeiß.

Cosmographia.

Das VI. Capitel.
Vom Paradieß/Theilung der Welt/ und der Wassern des Paradieß.

Der Discipul fragt.

Wo ist das Paradeiß?

Der Magister antwort.

Das Paradeiß ist zu Anfang in der Welt/ und ligt nahe bey dem Himmel/ da es höher ist denn alle Erden der Welt.

Disciput.

Weil nun das Paradieß ist auff Erden/warumb mögen wir nicht darein kommen?

Magister.

Nach dem Adam gefallen/ legt GOtt für den edlen Garten ein Cherubim/ und ein glantzendes feuriges Schwerd/den Weg zu bewahren/daß niemand darein mag kommen.

Disciput.

Wie lang war Adam im Paradieß?

Magister.

Nicht mehr dann sieben Stunden.

Disciput.

Wie alt war Adam da er starb?

Magister.

Neunhundert und dreißig Jahr.

Disci-

Kleine

Discipul.
Sage mir auch / wie alt war Abel/ da ihn sein Bruder Cain erschlug?

Magister.
Da er dreyßig Jahr alt war/ da erschlug er ihn zu Damasco.

Discipul.
Wer war der beste Mann der die Buchstaben erfand?

Magister.
Das war Enoch.

Discipul.
Wer war der erste der Zehlen erdacht?

Magister.
Es war Lamechs Sohn/ hat einen Bruder/ der hieß Jubal / der hat Musicam erfunden/ Cain der dritte Bruder / war ein Pollierer in allen Meisterstücken/ Ertzes und Eisen.

Discipul.
Wer war der König nach der Sündfluth?

Magister.
Es war Noas Sohn / der hat geheissen Melchisedech/ bey desselbigen Königs Zeiten/ wurden die Leut getheilet in drey Theil / von Sem kommen die Freyherren/ von Japhet die Ritter/ von Cam die eigen Leut.

Discipul.
Sag mir auch/ wie ist die Welt beschaffen?

Magi-

Cosmographia.
Magister.
Die Welt ist recht rund und kuglicht / ist beschlossen mit dem WendelMeer/darinnen schwebet die Erde/als der Dotter im Ey.
Discipul.
Wovon ist die Erde befestiget / daß sie nicht entweichet?
Magister.
Die Erden hält nichts auf/allein die Gottes Krafft/dann sie schwebet in der Wag/rinnet des Wassers so viel darumb / wer oben in der Lufft wär/gedächte die Erden nicht grösser als ein Pfenning zu seyn. Durch die Erde gehen drey Löcher/die heissen Dracones, darinnen rinnen die Wasser/davon die Erde befeuchtiget wird.
Discipul.
Von wannen kommt der Ursprung des Wassers.
Magister.
So das Wasser aus dem Meer rinnet unter die Erden in die Dracones, und so der Draco ein End gewinnet/so bricht das Wasser über die Erden/und rinnet immerdar/biß daß es wider kömpt in das Meer / es sagen viel Bücher/daß alles Wasser wider rinnet zu dem Ursprung.
Discipul.
Ich möchte auch gerne wissen / in wie viel Theil die Welt getheilet ist?
Magi.

Kleine
Magister.

Die Welt ist in fünff Theile getheilet/ ein Straßen geht mitten durch die Welt/die ist also verbrennt von der Sonnen / daß kein Mensch darinnen wohnen kan / die andern zwo Straßen seynd nicht zu bauen / die Ursach ist / daß die Sonn darein nimmermehr wohl scheinet/die zwo Straßen die da mitten seynd/die seynd zu bauen/ also solten wissen/ daß in dieser Welt nicht mehr zu bauen ist/ als der dritte Theil.

Discipul.

Wie ist der dritte Theil getheilet / den wir da bewohnen und bauen?

Magister.

Er ist getheilet in vier Theil: Ein Theil Asia, das ander Europa, das dritte Africa, und das vierdte America

Das VII. Capitel
Vom ersten Theil ASIA,
Der Discipul fragt.

Nun sag mir von dem Theil/ das heist Asia?

Magister antwort.

Asia fanget an/da die Sonn aufgehet / an dem Paradieß entspringt der Brunnen/daraus die vier Wasser rinnen/ das eine heist Phison, und

Cosmographia.

und fliesset umb das Land Hevila, das ist India, da find man Gold und den edlen Stein Onix, das andere Wasser heist Gihon, und fliesset umb das Morenland/ das dritte Tigris, und das vierdte Euphrates.

Discipul.
Wo entspringen die Wasser?
Magister.
Das da Ganges heist/ entspringt in Indien/ aber sein Ursprung weiß niemand/ das ander heist Nilus, das entspringet aus einem Berg/ heist Atlas, rinnet unter das Moren-und Egyptenland zu Alexandria fällt es in das Meer/ Tigris und Euphrates, entspringet beyde in Armenia, Tigris auf einem Berg Elegar, Euphrates unter dem Berg Cacocthes und rinnen beyde in das Wendel-Meer.

Discipul.
Welches Land ist dem Paradeiß am allernechsten?
Magister.
India/ das heist nach dem Wasser Indus, aus einem Berg entspringt dasselbe/ heist Caucasus, das Wasser rinnt in das rothe Meer.

In Asia ist ein Theil der Mohren/ ligt in Auffgang der Sonnen/ das an das Ethiopien gegen Mittag stosset / heisset jetzo India, ein grosser

Kleine

grosser Theil der Welt/an etlichen Orten aus
Hitz der Sonnen unbewohnet. Es hat viel und
mancherley Gestalten der Leut/wunderbarliche
Sitten/gegen den Untergang Berg/in mitten
Sandig/ gegen den Auffgang Leutloß/meh-
rentheils dieses Volck gehen nackend / ihre
Scham mit Blettern bedeckt/ ihre Handthie-
rung ist der mehrentheil mit Vieh.

In diesem Land ist der Priester Johannes
an statt des Königs/ er hat unter sich auff 72.
Königreich / wann er gehet oder reitet/trägt
man ihm ein Creutz / und güldenes Gefäß voll
der Erden vor/das er bey seiner tödtlichen Con-
dition, und des Leydens Christi erinnert wer-
de. S. Thomam und Mariam die MutterGot-
tes/haben sie in hohen Ehren.

Grama ist die Haupt-Stadt dieses Königs/
wenn er in das Feld ziehet gegen seinen Feinden
hat er allzeit etliche hundert tausend mit sich/
viel tausend Elephanten und Camele / seine
Soldaten seynd alle mit einem in die Haut ge-
schnittenen Creutz gezeichnet.

Sie brauchen keines vorgeschriebenen Ge-
setzes/sondern aus freyer Vernunfft/ Gerech-
tigkeit/vertheilen sie alle Dinge.

Sie haben unterschiedliche Sprachen/ ihre
Handthierung ist Feldbau und Vieh warten/
sie

Cosmographia.

sie haben auch durch das Jahr zwey Schnitt/ und 2. Sommer / das gantze Land India gehört dem Mahomet.

Discipul.

Sag mir auch von unterschiedlichen Leuten in diesem Land India.

Magister.

Etliche wohnen in der Wüsten und essen allein Schlangen/ andere deuten ihre Rede nicht als sie außsprechen/ etliche haben keinen Kopff/ sondern die Augen und Mund an der Brust/ andere seynd nur an Gestalt Menschen/ sonst aller Ding unvernünfftig/ wie die wilden Thier Vid. Plinium, lib. 5. cap. 10.

Auch findet man Leute in Indien mit Hundsköpffen/ reden bellend/ etliche haben nur ein Aug über der Nasen/ andere seynd beyder Gestalt/ Mann und Weibes.

Gegen dem Paradieß bey dem Fluß Ganges, seynd etliche Menschen/ die essen nicht/ sondern leben vom Geschmack der Oepffel und Blumen/ sterb aber bald vom bösen Geschmacke. Man findet auch Leute ohne Nasen / an statt der Nasen kleine Löchlein habend / etliche ohne Zungen/ die deuten ihre Meinung einander/ etliche mit Hörnern / haben Geißfüß/ andere mit sechs Händen/ andere mit vier Augen.

Gegen

Kleine

Gegen Nidergang in Ethiopien/ seynd Leute mit einem Fuß / die lauffen so schnell als ein Pferd, man find auch etliche/ die seynd nur ein Ellen lang/ haben Streit mit den Kränichen/ ihre Weiber gebähren in fünff Jahren/ andere seynd ohne Nasen / haben die Augen auff den Rücken.

Discipul.

Sage mir von etlichen Thieren in diesem Land?

Magister.

Man find Schlangen und Lindwürm in India/ die seynd so groß / daß sie die Leut verschlucken/ und so schnell daß sie das Meer überschwimmen/ auch ist ein Thier in diesem Lande das heist Lecororta, das übertrifft alle Thier mit lauffen/ ist groß als ein Esel/ hat Füsse als ein Löw/ und hat einen Kopff gleich einem Cameel/ und gehet ihm das Maul biß an die Ohren/ an statt der Zähn hat es ein gantzes Bein/ und hat eine Stimme wie ein Mensch: darinn ist auch ein Thier / heist Monticora, hat ein Kopf wie ein Mensch/ der ander Theil ist gleich einem Löwen. Man find auch Würm die haben zwey Arm/ sechs Ellenlang / seynd so starck/ daß sie die Elephanten fangen/ und unter das Wasser ziehen.

Disci-

Cosmographia.

Discipul.

Lieber Meister sag mir auch von dem Land/ welches heist Mesopotamia.

Magister.

Dieses Land heist Mesopotamia, von den zwey Wassern/ so dardurch rinnen/ es ligt darinnen Ninive, die war drey Tagreiß lang/ und breit/ auch ligt die grosse Stadt Babilonia darinnen/ die erbauet ein Weingärtner/ der hieß Nimrod/ die Brück Ninive war funffzig Ellen dick/ und zwey hundert Ellen hoch / in diesem Lande ist ein Ort/ heist Arabia und Saba, davon kompt der Weyrauch/ da stehet ein Berg/ heist Oreb und Sinai, da Moses die Zehen Gebot von Gott empfangen hat/ daran ist ein Land/ heist Syria, darinnen ligt Damasco, die war erbaut von Abrahams Schwager / darbey ligt ein Berg heist Libanus, daraus entspringt der Jordan/ darnach geht ein Land an heist Palestina, darinnen ist das todte Meer / das ist so klar und lauter/ daß kein Fisch so klein/ der nicht biß auf den Grund kan gesehen werden/ an dieses stosset das Datten-Meer/ daran ligt Egypten/ darinn ist ein Berg/ der heist Caucasus, auff diesem Berge waren Weiber / hiessen Amazones, waren streitbar als die Ritter/ auch ist eine Gegend/ wird genennt Capadocia, darinnen

innen seynd Pferd / bekommen Füllen von dem Wind / darbey liegt klein Asien / darinnen ist Ephesus, da S. Johannes Evangelista begraben liegt / darbey ist die gröste Stadt Troja und Lyconia, darinnen ist ein Wasser / heist Hermus, da findet man güldenen Grund / auch ist alda eine Insel / heist Pontus, darein war Ovidius und S. Clemens gesandt / diese Länder liegen alle in Asia.

Das VIII. Capitel.
Von der Stadt Jerusalem / und was allda zu sehen ist.

Der Discipul fragt.

Jeber Meister / ich verlange auch was weniges zu wissen von d. H. Stadt Jerusalem.

Magister antwort.

Jerusalem ist die Haupt-Stadt in Judea / ward erbaut von Sem des Noa Sohn / vor Zeiten eine grosse und mächtige Stadt / aber von den Römern / zum öffternmahl zerstört / es wurden vom Käyser Vespasiano auf einmahl auf die hundert tausend Juden alda erschlagen.

Discipul.

Wie ist das H. Grab beschaffen?

Ma.

Cosmographia.
Magister.

Wo das H. Grab ist/seynd drey Capellen/ in it einer grossen Kirchen umbfangen/ inwendig mit Masoica gezieret/und ist von der H. Helena erbaut worden/in der mitten ist das Heil. Grab/alda ligt vor dem Eingang ein 4.eckichter Stein/zwey Schuch hoch/und dritthalb Schuch breit/auf diesem ist der Engel des HErrn gesessen/die Thür des Grabes ist nidrig/daß sich einer bücken muß/der darein will gehen/diese Capellen ist in die Vierung gebaut/ sieben Schuch lang/und sieben Schuch breit/ oben gantz rund gewölbt/ungefehr fünff Ellenbogen hoch/auf der rechten Seiten ist das Heil. Grab Christi mit einem weissen Marmorstein bekleidet/das Grab nimbt die halbe Capellen ein/oben an der Decken hangen die Ampelen an einem eisernen Reiff/also ist das Heil.Grab. Es seynd auch schöne Sachen zu sehen in dieser Kirchen/wo das H. Grab ist: Als erstlich ein Stück vom H. Creutz/ein Stück von einem rothen Marmorstein/das soll seyn die Seulen/ daran unser Erlöser ist gegeisselt worden/das Loch/wo das H. Creutz gestecket/der Ort/wo die H. Helena das Creutz Christi probieret hat/ bey der Thür der Kirchen ist ein runder Marmorstein/da ist der HErr Christus/ Mariam

B 3   Magda-

Magdalenam nach seiner Aufferstehung er-
schienen/nicht weit darvon ist ein Platz/ da die
Juden umb das Kleid Christi gespielt haben.
Es ist auch hiermit zu wissen/daß dieser Ort/ wo
die grosse Kirche stehet/ vor Zeiten in ein Garten
ist gewesen/ und vor der Stadt gestanden. In
einer andern Capellen/ so die Armenier innen
haben/ ist zusehen eine steinerne Seule/ auf welcher der HErr Christus ist gesessen/ da Er ge-
krönt ist worden/ der Ort/ da die Helena das
Creuz Christi nach der Geburt unsers Erlösers
307. Jahr gefunden hatte/ nicht weit von der
Kirchen/ wo das H. Grab ist/ ist ein ödes Clo-
ster/ in welchem der Herodes den H. Jacobum
den Grössern hat enthaupten lassen/ darbey ist
das Hauß Hannæ des Hohenpriesters/ da unser
HErr Christus den Backenstreich bekommen
hat/ vor der Stadt ist der Berg Zion/ auf welchem der König David seine Wohnung hatte/
auff diesem Berg soll der HErr Christus mit
seinen Jüngern das Nachtmahl gessen haben/
auch sollen allda seyn die Begräbnissen Da-
vids/ Salomonis und viel anderer Propheten
auf diesem Orte haben die Jünger Christi nach
seiner Urstånd den H. Geist empfangen/ weiter das Hauß Caiphä, wo Petrus Christum
verläugnet hat.

Disci-

Cosmographiæ.
Discipul.
Was ist auff dem Ölberg zusehen?
Magister.

Es ist zusehen der Feigenbaum/ an welchen sich Judas erhencket hat/ der Acker / auf welchem der Feigenbaum gestanden / das Hauß Simeonis / in welchem Maria Magdalena Christo die Füß gewaschen / und mit ihren Haaren getrücknet/ das Ort / wo Lazarus begraben war/ da ihn Christus von den Todten aufferwecket / das Hauß Magdalenæ / und Marthæ Lazari Schwestern / auf der Spitzen des Berges ist ein kleines Kirchlein/ an diesem Ort ist der HErr Christus gen Himmel gefahren/ alda ist ein Stein/ in welchem die Fußstapffen Christi seynd eingetruckt/ zu Ende des Berges ist ein Garten / in welchem Christus zur Zeit seines Leidens zu seinem himmlischen Vater gebetet/ und blutigen Schweiß geschwitzet hat/ der Ort/ da die Juden dreymahl zurück gefallen/ als sie Jesum fangen wolten/ die Stätt/ allwo Petrus Malchum das Ohr abgehauen/ neben dem Garten ist ein Thal heist Josaphat/ durch welches der Cedron fliesset / in diesem Thal ist das Begräbniß Absolonis/ die Hölen S. Jacobi in welche er sich zur Zeit des HErren Christi Leiden verstecket/ der Brunnen/ da

B 4　　　　　　Chri-

Christus den Blinden hat gesund gemacht /
Matth. am 19. Cap. Der Acker / welcher um 30.
Silberling ist verkaufft worden / dieser Acker /
ist ein Begräbniß der Pilgramen / alda ist auch
der Ort / wo sich Bathseba gebadet / in welche
sich David verliebt / und mit ihr gesündiget hat.

Discipul.

Was ist von Jerusalem nach Bethlehem zu
sehen?

Magister.

Erstlich kömpt man in die Wüsten / worinnen Johannes der Täuffer sieben Jahr gelebet /
auch kömpt man zu einem kleinen Kirchlein /
alda ist eine Wurtzel eines Baums / auf welcher
das Holtz oder Stamm soll gewachsen seyn /
davon das Creutz abgehauen und gemacht
worden / weiter so siehet man das Hauß Zachariä / Johannes des Täuffers Vater / der Ort /
wo Maria die Mutter Christi / Luc. am 1. Cap.
Elisabetham ihre Befreundin gegrüsset hat /
der Ort / wo Johañes der Täuffer sieben Jahr
gewohnet / ist eine kleine Hölen in einen Felsen
angehauen / nicht weit von Bethlehem ist ein
springendes Wasser / allda solle Philippus der
Apostel Actor. am 8. Cap. den Eunuchum der
Königin aus Ethiopia / getauffet / und zum
Christlichen Glauben bekehret haben. Endlich
kömpt

kompt man durch ein lustiges Thal/ mit Pomerantzen/ Granatäpffel/ Citronen und andern schönen Früchten und Bäumen gezieret/ nach Bethlehem/ welches jetziger Zeit also beschaffen ist/ Bethlehem die Stadt/ davon gesaget wird/ du bist nicht die geringste unter den Städten Juda/ Matth. am 2. Cap. ist jetziger Zeit ein kleines Dörfflein/ von wenig Häusern keines bey dem andern/ Die Inwohner dieses Orts sind meistentheils Christen/ auch wohnen viel Mohren alda/ allein keine Juden/ es ligt auf einem hohen Bühel/ hat auf der rechten Seiten gegen Mittag/ eine schöne Ebene/ auf der lincken Seiten ist ein schönes Thal/ gantz fruchtbar von Weingewächs/ Oelgärten und schönen Bäumen/ fornen an der Spitzen dieses Städlein oder Dörfflein/ ligt ein Kloster/ alwo unser Seeligmacher CHristus JEsus ist gebohren worden.

Das IX. Capitel.

Von dem Berg Sinai / und dem Grab der H. Catharina.

Der Discipul fragt.

Ich verlange auch zu wissen von dem Berg Sinai/ und dem Ort.

Kleine
Der Magister Antwort.

Erstlich ist auf dem H. Berge ein Capellen zu sehen/ S. Maria genandt/ ist also neu gebauet worden. Es hat sich begeben/ daß nach etlichen Jahren nach einander sehr viel Würm/ Schlangen/ und vergifte Thier in dem Kloster S. Mariæ gewachsen seyn/ dahero haben die Brüder in dem Closter mit sich beschlossen/ den Ort zuverlassen/ und das Grab mit den Leib der H. Catharinæ davon zu tragen/ sihe/ da erschien ihnen Maria/ die Mutter GOttes/ und sprach zu ihnen/ daß sie ohne Sorge in dem Kloster bleiben sollen/ sie wolt ihre Beschirmerin seyn/ und vor allem Ungeziefer behüten/ also giengen die Mönche wider mit Freuden in ihr Kloster/ und wurden von allen Würmen und Schlangen verlassen. Von der Capellen hinauf ist eine hohe Pforte/ durch welche kein Jude gehen kan/ geschach also: Es begab sich/ daß einmahl ein Jude mit einem Christen auff den H. Berg gehen wolte/ da er zu der Pforten kam/ sahe er Christum am Creuß ober der Pforten/ daß er nicht durch möchte/ der Jud bekehrte sich/ wurde ein Christ/ uñ gieng also hindurch/ von der Pforten hinauff/ ist der H. Berg Oreb/ da ist eine Kirche/ genandt zu S. Helias/ wo der H. Helias gewohnet hat/ nicht weit von der

Kir-

Kirchen ist ein Felsen/ auf welchem Felsen täglich der Rab dem H. Helia das Brodt brachte/ neben selbigem Felsen ist der Ort / wo GOtt Mosi zurück erschienen / gantz oben an der Spitzen des Berges/ist eine kleine Capellen genandt zu S. Salvator, in selbiger Capellen hat Moses die Zehen Gebot in zwo steinerne Tafeln mit den Fingern Gottes geschrieben / von GOtt empfangen/ in erwehnten Kirchlein ist auch der Ort / allwo Moses viertzig Tag und viertzig Nacht gefastet hat/ehe er die Zehen Gebot Gottes empfieng/ in der Höhe dieses Berges siehet man das Indianische rothe Meer/ den Golff /, durch welchen Moses die Kinder von Israel führte/wie der König Pharao mit seinem Volck ertranck/ auch siehet man in Egypten der Wüsten Sur und Helim/in welchen die Kinder Israel waren/den Canal des rothen Meers / durch welchen die Juden mit Mose aus Egypten in die Wüsten giengen/das Land Midian/auch die Wüste Thebaida/in welcher der H. Antonius gewohnt hat mit seinen Mönchen/unter dem Berge im Thal ist ein Kloster bey den viertzig Heiligen genandt / hierinnen ligt und ruhet der H. Leib Catharinæ/ welcher 300. Jahr auf S. Catharinæ Berg unbekanter Weiß gelegen ist/ und von den H. Engeln bewah-

Kleine
bewahret/ nicht weit von diesem Closter hört
man Tag und Nacht kuten/ man kan aber
nicht wissen wo es geschicht.   Hiermit hast du
auch was wenig von dem Berg Sinai.

Das X. Capitel.
Von der grossen Stadt Alkayr.
Der Discipul fragt.
Ich habe viel gehört von der grossen Stadt
Alkayr/berichte mich was davon.
Magister Antwort.
Die Stadt Cayr, oder Alcayr ligt in Egy-
pten/ vor alten Zeiten ist sie Memphis, auch
von etlichen neu Babilonia genennet worden/
an einem schönen lustigen Ort ligend in einer
Ebene/an dem Fluß Nilo/ausserhalb der Stadt
hat es ein sehr hohen Berg/ gegen Nidergang
ist der berühmte Fluß Nilus/gegē Mitternacht
und Aufgang ist ein starckes Gebirg/ und un-
fruchtbares sandiges Feld/ diese Stadt ist so
groß und weit/daß sie die grösste Stadt der gantzen Welt solte seyn/ hat in die fünff teutscher
Meilen um sich begriffe/es ist auch ein Schloß
in Alcayr. so in seinem Umbkreiß die Grösse der
Stadt Ulm übertrifft/ ist mit einer Mauren
sehr starck/und mit viel Thürnen sehr hoch um-
geben/

Cosmographia.

geben/aber zu einer Vestung nicht tauglich/ weil es von den anliegenden Bergen wohl mag beschossen werden / in diesem Schloß haben vor Zeiten die Könige in Egypten ihre Wohnung gehabt/gegen Mitternacht zu Ende der Stadt/da seynd der Türcken ihre Begräbnissen/hiebey ist dieses zu mercken / daß alle ihre Gräber mit einem stein gezeichnet seyn/damit man eines jeden Grab kennen mag: Ursach/ die Weiber halten diesen Brauch/ daß sie alle Feyertage hinaus reiten/oder gehen/und setzen sich ein jede auf ihres Mannes/Bruders oder Befreundten Grab/so ihnen mit Todt abgangen/rauffen ihre Haar aus/uñ weinen hefftig/ ruffen ihm bey seinem Nahmen / daß er solle wiederum kommen/ und haben also ein grosses Geschrey/das treibet sie so lang/biß das Jahr herumb ist. In dieser Stadt Altayr seynd unterschiedliche Plätz und Märckte/ auf welchen man allerley Sachen verkauffen thut/ auf einem hat man feil Fisch/Hüner/Fleisch/auf einem andern unterschiedliche Früchte und Obs/ auf andern verkauft man Rüstung und Tapetereyen/ in einer langen Gassen verkauffen die Juden wöllene Gewand und Schleyer/ es seynd auch zwo Gassen/ darinn wohnen lauter Schuster/die nur Stieffel uñ Schuh machen/

in

Kleine

in dieser Stadt ist alles wohl bestellt und geordnet. Nicht weit von der Stadt am Wasser hinauf/ liegt ein Ort welches wird von den Innwohnern genandt/ Messen, Haidar, das ist das alte Algier/ ist ein schöner lustiger Ort/ doch nicht sehr weit umbfangen/ da hebt sich an der grosse Canal oder Graben/ durch welchen der Nilus/ so eraußläufft/ durch die Stadt fließt.

Discipul.
Was reden sie vor eine Sprach?

Magister.
In gantz Königreich Egypten/ wie auch in Judea und Samaria/ da reden sie die Mohrische Sprach/ welche ist eine grobe und Barbarische Sprach.

Discipul.
Wie kennet man die Türcken und Mohren von den Christen?

Magister.
Die Türcken und Mohren tragen allein einen weissen Bund auf ihrem Haupt/ die Christen von allerley Farben / die Armenier einen blauen/ uñ die Juden einen gelben Bund: Der Türcken und Mohren Weiber gehen mit verdecktem Gesicht auff der Gassen / mit langen Röcken biß auf die Erden bekleidet/ die Juden mit auffgedecktem Gesicht/ ihr beste Soldaten seynd

Cosmographia.

seynd die Janitscharen / welche gute Büchsen Schützen seynd / zu Pferd die Spahi / ihre Gewehr ist ein Sābel / Flitzbogen / und ein Köcher voller Pfeil.

Discipul.
Lieber Meister sag mir von ihrem Ehestande.

Magister.
So ein Türck oder Mohr / ein Jungfrau zu der Ehe begehrt / muß er solche von ihren Eltern umb ein Summa Gelds kauffen / so sie des Kaufs eins worden seyn / gehen sie beyde Braut und Brāutigam / benebens beyderseits Befreunden zum Cadin, das ist zum Richter / zeigen ihm an / wie sie einer Ehe zufrieden worden / vermelden ihm auch die Kauff-Summa / alsdann zeichnet der Cadin ihre beyde Nahmen in das Buch oder Register / schreibt ihren Contract darzu / dafür sie ihm seine Gebühr zahlen / es stehet auch einem jeden frey / so viel Weiber als er ernehren mag / zu nehmen und zu heyrathen / auch haben sie neben diesen viel Kebsweiber.

Discipul.
Nun sag mir von ihrer Beschneidung.

Magister.
Sie haben diesen Gebrauch / erstlich reiten 2. Mohren mit Schalmeyen und Heer Trummeln / nach diesen wohlgeputzten Mohren / welchen

Kleine

chen wider zwen Spielleute nachfolgen / den andern gleich / nach diesen führen sie einen feisten Ochsen mit verguldeten Hörnern / und seinen gantzen Leib mit wohlriechenden Laub umhenget und gezieret / diesen folgen wider eine grosse Anzahl Reuter / nachmals drey Spielleut und wiederum ein Ochs / dem gemelten gleich gezirt / diesen folgen etliche grosse Herrn und Reuter / alsdann eine grosse Schaar der Janitscharen zu Fuß mit ihren Gewehren / haben unter ihnen eines grossen Herren Sohn / von drey oder vier Jahren / welchen sie zu der Beschneidung führen / dieser sitzt in einem vergültem Sattel auf einem schönen wolgeputztem Pferd nach ihm folgen wider Spielleute mit viel Posaunen / Trummeln und Schallmeyen / und eine grosse Menge der Reuter / welche alle des grossen Herren Sohn begleiten / biß an den Ort / da er soll beschnitten werden / letzlichen folgen eine grosse Menge Weiber / so auf Eseln reiten / haben ihre Kinder mit beschneiden lassen.

Discipul.

Was halten sie von der Aufferstehung der Todten?

Magister.

Diß ist ihre Meynung / sie sagen / daß solte Menschen Manns un Weib-Personen durch die

Cosmographia.

die Krafft Gottes von den Todten werden wiederumb auffrstehen / sagen aber / daß die Manns Personen in den Himmel kommen / die Weibes aber nicht / sondern sie müssen sich außerhalb des Himmels an einem sondern Ort behelffen / doch werden die Männer bey ihnen auß und eingehen / und sie besuchen / dahero die Weiber in keine Kirch kommen / beten auch nicht / deñ sie sagen / daß ohne Noth sey / daß sie beten / dann sie wissen zuvor wohl / wo sie hinkommen werden nach diesem Leben.

Nun wil ich dir sagen von Mängeln dieser Stadt / weiln es ein so grosse Stadt ist / ist auch ein so grosse Menge des Volcks darinnen / erstlichen haben sie nicht sehr viel Holtz / dahero sie Cameel Koth brennen / auch haben sie Mangel an dem Wasser / dann keine Brunnen in gantz Alcayr zu finden seynd / das Wasser aus dem Nilo kösten sie auch nicht alsbalden geniessen / denn der Nilus hat viel der schwartzen Erden in sich / muß drey oder vier Tage stehen / biß sie es trincken mögen.

Discipul.

Wer regiert die Stadt Alcayr?

Magister.

Die Stadt wie auch gantz Egypten / wird jetziger Zeit regiert von einem Bascha / welcher von

Kleine
von dem Türckischen Käyser dahin gesetzt ist/ und als ein Vice-Re verordnet/ dieser hat unter sich zwölff Saniaci, welche seynd Hauptleute/ die Stadt ist in unterschiedliche Theil getheilet/ ein jeder Saniacus hat ein Theil der Stadt zu regieren / was geringe und kleine Sachen seyn/ können sie ohne Vorwissen des Bascha verrichten und vergleichen / aber wichtige und vornehme Händel müssen sie vor dem Bascha vorbringen. Es ist auch zu wissen / daß in dieser Stadt auf 2000. Kirchen/ grosse und kleine seynd/ sie haben keine Glocken / viel weniger Uhren/ verrichten die Sachen mit schreyen auf den Thürnen/ sie haben auch ihre Pfaffen und Münche/ welche ihnen vorbeten/ und Mahomets Thaten anzeigen und rühmen.

Discipul.

Wie werden die Türcken und Mohren begraben?

Magister.

Sie haben diesen Gebrauch mit den Krancken und Todten/ so bald sie verschieden seyn/ waschen sie den Cörper rein und sauber ab/ trucknen denselben mit reinen Tüchern/ stopffen ihn alle Löcher mit Baumwollen fest zu sagen es könne nun keine Sünde mehr in sie kommen.

Disci-

Cosmographia,
Discipul.

Was essen sie in diesem Land?
Magister.

Sie haben von allerley Viehzucht/ als Küh/ Ochsen/ Büffel/ Schaaff/ von unterschiedlichen Früchten und Obs/ allein kein Schwein findt man in gantz Egypten/ auch haben sie viel Hüner und Tauben.

Discipul.

Was gibt es vor Thier in diesem Land?
Magister.

Im Nilo werden in ziemlicher Menge viel Crocodill gefangen/ welches ein gros seltzames Thier ist/ die Inwohner pflegen sie zu fangen/ ziehen ihnen die Haut ab/ und fressen das Fleisch/ dieses Thier frist die Kinder/ so bey dem Nilo sitzen und spielen/ man findet auch in der Stadt Ziberkatzen/ davon der Bisam und Ziber genommen wird/ dieses Thier siehet sehr gleich einer Katzen/ hat unten am Bauch ein sonderliches Löchlein/ daraus nimbt man mit kleinen Instrumenten den Bisam und Ziber/ sie geben ihnen Hüner Eyer zu essen/ so bekommen sie viel Bisam.

Die Inwohner dieser Stadt Alcayr/ seynd nicht allein Mohren und Türcken/ sondern auch Christen/ Juden und Armenier/ handeln

Kleine
und wandeln gleich den Türcken und Mohren/ doch müssen die Christen und Juden/ dem Türckischem Käyser grossen Tribut geben / ein Manns Person so vierzehen Jahr alt ist/ und ein Weibs Person so zwölf Jahr erreichet hat/ Jährlichen einen Ducaten / der arme muß so viel geben als der Reiche.

Es haben auch die Jüden und Christen in der Stadt Alcayr viel Kirchen und Synagogen/darinnen sie ihre Ceremonien halten; die Christen erkennen den Patriarchen / haben Griechische Pfaffen/ welche auch Griechisch Meß lesen.

Discipul.

Biß anhero hastu mir gesagt von der Stadt Alcayr ihrer Gelegenheit/ der Türcken Sitten/ Glauben und Gebärden / nun sage mir was ausserhalb der Stadt zu sehen ist?

Magister.

Ungefähr zwo Welscher Meilen von Alcayr ist ein grosser Kopff eines Menschen von stein außgehauen / in die Höhe aufgericht/ dieser Kopff ist drey Mann hoch/ unten herumb acht Klaffter umbfangen / ist vor alters genannt worden Imago Isidis, ein Bildniß der Göttin Isidis, war eine Tochter des Königs Inahi in Gracia, diß Bild war inwendig hol/ daß man

unter

Cosmographia.

unter der Erden/durch einen verborgenen Gang gehen und kommen kan/durch selbigen Gang seynd die Heydnischen Pfaffen in gemeldten Kopff hinein gangen/aus dem Kopff zum Volck geredet/und also das Volck beredet/als thäts dieses Bildniß aus eignen Krässten.

Nicht weit von diesem Kopff seynd auch zusehen drey schön und grosse Pyramides, schön glatt viereckicht polirt/oben spitzig/eine ist sehr groß/hat unten in der Breiten 560. Schuch/und allenthalben Staffel/daß man hinauff steigen kan/oben auf der Spitzen ist ein grosser Platz/das 50. Personen fein ruhig stehen können/man kan auf diesem Pyramides auf etliche Meilweges hinaus sehen/ in der mitten dieser Seulen oder Pyramidis, ist ein Loch oder Gang auf 60. Schritt lang/darinn ist ein aus Stein außgehauenes Grab/schön und zierlich polirt zehen Schuch lang/ und vierdthalb Schuch breit/oben gantz offen. Von diesem Pyramide melden die Scribenten/daß sie zur Begräbniß des grossen und mächtigen Königs Pharaonis sey gemacht worden/welcher/als er im rothen Meer ertruncken/derowegen solches Grab öde und wüst verblieben.

Hiermit hastu auch vom ersten Theil Asia/ und der Stadt Alcayr/der Türcken Sitten und Glauben.   C 3   Das

Kleine
Das XI. Capitel.
Vom andern Theil Europa.

Der Discipul fraget.

Du haſt mir geſagt vom erſten Theil Aſia/ nun ſage mir von dem andern Theil der Welt.

Der Magiſter antwortet.

Der ander Theil der Welt heiſſet Europa/ gegen Niedergang endet ſichs an dem Atlantiſchen Meer / gegen Mitternacht an dem Britaniſchen Meer / gegen Mittag an dem Wendel Meer / gegen Auffgang an dem Fluß Tanaim. Es iſt der kleineſte Theil der Welt unter den andern Theilen / hat in der Breite nicht mehr als 225. teutſcher Meilen / in die Länge wie die Bücher ſagen/ erſtreckt ſichs in 750. teutſcher Meilen: An Fruchtbarkeit / guten Sitten / Mäſſigkeit der Luft / ſchönen Städten / Schlöſſern / und fürnemlich an kunſtreichen tugendhafften Volck / alle andere Theil der Welt übertreffend.

Von Germania/ ihren Gelegenheiten/ Völckern / Policey und Gewonheiten.

GErmania wird getheilet in zwey Theil/ das gegen dem Gebirg zu gegen Mittag/ wird Hoch-Teutſchland / das andere gegen

Cosmographia.

gen Mitternacht/ wird Nieder-Teutschland geheissen/ das Nider-Teutschland hält in sich nachfolgende Länder: als Franckreich/ welches ein grosser Theil Germanien vor Zeiten ist gewesen/ auch hat es in sich/ Hessen/ Lothringen/ Braband/ Gülcherland/ Seeland/ Holland/ Flandern/ Westphalen/ Sachsen/ Pommern/ Liefland/ Böhmen/ Meissen/ die Marck Thüringen/ Braunschweig/ uñ Niderland/ Hoch-Teutschland hat alles innen/ was jenseit der Thonau/ und dem Rhein liegt/ als Francken/ Schwaben/ Ober-und Nieder-Bäyern/ Oesterreich/ Steyrmarck/ Schweitz/ Elsaß/ den Rheinstrom biß gen Mäyntz/ auch das Nordgau/und das Lechfeld.

Germanien ist vor Zeiten ein rauhes grobes Land gewesen/ die Inwohner nehrten sich mit Vieh/ hatten weder Gold noch Silber: Nun aber ist es also zugericht mit festen Städten/ Schlössern/ starcken streitbahrem Volck/ darzu sind sie in allerley Sprachen und Künsten so sinnreich und fürtrefflich worden/ daß sie alle Völcker in gantz Europa übertreffen/ in den Kriegen seynd sie streitbar und sieghafft/ haben etlich mahl die mächtigen Römer/ welche bald die gantze Welt unter ihrer gewalt hatten/ überwunden. Ihre Kleidung ist unterschiedlich und

E 4   man-

mancherley/ sie verändern es täglich/ daß niemand nichts gewisses davon sagen kan: auch trincket das Volck gern Bier und Wein. Vor Zeiten haben sie weder von Gold/ Silber noch Edelgesteine keine Wissenschafft gehabt/ sie wusten auch die Eisen-Berge nicht zusuchen/ derohalben aus Mangel des Eysens sie wenig Schwerter/ sondern Spießlein mit kleinen eysern Stefften hatten.

Ihre Götter haben sie mit sich in Krieg geführet/ die angreiffenden zubehertzigen und mannlich zu machen/ es zog alles in Krieg/ Mann/ Weib und Kind: Einsmahls/ wie die Historien bezeugen/ sollen die zerbrochenen Spieß aus der Weiber schreyen wider gantz worden seyn. Eine wunderbarliche Keuschheit war bey ihnen/ so eine im Ehebruch begriffen wurde/ schnitte ihr der Mann das Haar ab/ strich sie öffentlich auf der Gassen mit Ruthen. Beyde Knaben und Jungfrauen musten zuvor wol erwachsen seyn/ ehe sie in Ehestand traten. Letzlich ist Germanien ein schönes und trefflichs Land/ darinnen gemäßer Lufft, fruchtbare Felder/ von allerley Getreid ein überfluß/ dicke Wälder/ Wasserreich/ mit guten uñ gesunden Quellbrunnen gezieret/ Gnugsamkeit mit allerley Wein/ Metall/ Gold und Silber/ den
Gästen

Gästen gütig/ den Bittenden sanfftmütig/ in
Religions Sachen keiner Nation weichend.

Von unterschiedlichen Provintzen unter dem Teutschland.

Vom Böhmer Land.

Böheim ein Provintz in Teutschland ligend
mit einem Wald umbfangen/ hat an Auffgang Mähren/ gegen Mittag Oesterreich und
Bäyern/ gegen Nidergang das Nordgau/ und
gegen Mitternacht stosset es an Schlesien und
Meissen/ allenthalben mit Teutschem Volck
umbgeben/ ist ein reiches Land an Schmaltz
und Getreid/ Fischen und Thieren/ dieses Landes Länge ist ungefähr drey Tagreiß.

Von des Böhmischen Reichs Anfang.

Das Bömische Reich hat seinen Ursprung
genommen von den Windischen Leuten/
die das Feld Sencar verliessen/ und aus Asia
in Europam zogen/ darinnen war einer/ nicht
aus unberühmten Eltern genant Cechius/ war
ein Crabat/ der zeugte das Böheimische
Volck/ daß Böhmerlan ward dazumal unerbauet/ von Dornenhecken und Wäldern/ den
wilden Thieren fäglicher/ als den Menschen zu
bewohnen/ nach ihm kam das Reich an einen erwehl-

erwehlten Fürsten Concum / der verließ drey Töchter / unter welchen Libussa die älteste / eine Zeitlang nach Absterben ihres Vaters / das Reich regiert / als aber die Böheimb unbillich dauchte / daß eine solche mächtige Gewalt durch ein WeibsBild solte regiert werden / da sprach die Libussa in einer grossen Versamlung und Menge Volcks: Ich habe glückselig und weiblich regiert / und solt ihr frey seyn / ich will euch geben einen Mann / der euch nütz ist / gehet hin / und führet mein Pferd in das Feld / folget dem nach / wo es hingehet / zuletzt wird das Pferd stehen vor einem Mann / auf einen eisernen Tisch essend / derselbige wird mein Mann / und Euer Fürst seyn: Da nun das Pferd ledig gelassen ward / blieb es zuletzt vor einem Ackerman Primislaus genand / stehl / der embsig seine Speiß auf einer eisernen Pflugschär umgekehret aß / das war der eiserne Tisch. Diesen nahmen sie zu einem Fürsten und Hertzogen des Lands / und satzten ihn auf das Pferd / er nahm seine Schuh (mit Bast gebunden) mit ihm / da er gefraget wurde / warumb er das thäte? antwortet er / darumb will ichs zum Gedächtnuß behalten / daß meine Nachkommen wissen sollen / welcher unter den Böhmen der erste gewesen sey / der das erste Fürstenthumb empfangen hab.

Das

Cosmographia.

Das Böhmische Reich ist von Hertzogen regiert worden/ biß an Käyser Friderich den Ersten/nachmahls ein Königreich worden.

Oesterreich.

OEsterreich liegt zwischen Ungarn/Bäyern/ Böhmen/Mähren und Steyermarck, hat von Auffgang Ungern/und Nidergang Bäyren/von Mitternacht Böheim und Mähren/ gegen Mittag das Steurische Gebirg/ist drey Tagreisen ungefehr breit / und sechs Tagreiß lang/Wien ist die Hauptstadt darinn/ dieses Land ist mit Wasser wohl befeuchtiget / hat viel Weingärten/Holtzreich/Fruchtbarkeit an Ackerbauen/und voller Fisch.

Mähren-Land.

GEgen Mitternacht liegt Mährisch Land/ vor Zeiten eine grosse Herrschafft gewesen/ aber von dem Römischen Käyser den Böhmen viel davon gegeben worden / es ist an Korn/ Schmaltz Käß/ein reiches Land / die Haupt-Stadt darinn ist Ulmitz/ dieses Volcks Zungen ist gemischt Teutsch und Böhmisch.

Franckenland.

FRancken hat Schwaben und Bäyern gegen Mittag, den Rhein gegen Nidergang/ Böheimb gegen Auffgang/ Hessen und Thüringen

ringen gegen Mitternacht/ein weit wol erbau-
tes mit Bergen verschlossenes Land/inwendig
aber eben mit viel schönen Städten und schlös-
sern fest/Fruchtbarkeit an Getrdid und Wein-
wachs/mit schönen Wiesen und Baumgarten
gezieret/mit allerley Vieh überflüssig/Fisch-
reich/auch reich an Wildprät und Vögel.

Von Schwaben.

Schwaben ist eine Provintz in Teutschland
hat von Aufgang Bayern/ von Niedergang Elsaß und den Rhein/ von Mittag das
Gebürg und Italiam/ von Mitternacht das
Francken Land liegend: Diß Volck ist aus
Preussen und Lieffland dahin kommen/ ist ein
fruchtbar wohlerbautes und Volckreich Land/
mit vielen Bergen/Seen/Flüssen/ Wäldern
und Wiesen geziert/ dieses Volck lobet Plu-
tarchus vor allen Völckern des Teutschlan-
des/an Gestalt des Leibes schön/an Sitten und
Verstand sinnreich. Es haben vor alten Zeiten die Römischen Käyser ihr Imperium und
Herrschaft darin gehabt. Strabo sagt: Schwaben sind das älteste teutsche Volck/ haben die
teutsche Zungen in Germanien gebracht.

Bayern.

Bayerland/hat vor Zeiten Noricum g:heis-
sen.

Cosmographia.

sen / ist von denn Hunnischen überbliebenen
Volck/welche aus Nordgau vertrieben / mit
einem zugethanen B. Bavaria genennet worden. Bayern hat gegen Auffgang Ungarn
und Oesterreich/von Mittag Italien/von Niedergang Schwaben/ von Mitternacht Böh-
men/mit der durchfliessenden Thonau wird es
befeuchtiget / hat schöne aber kleine gezierte
Städte.

Littau.

LJttauen ist eine weite Landschafft / gegen
Auffgang an Pohlen stossend/meistentheils
Seerich und Wäldig / Sommerszeit voller
Wasser / bey den Littauern ist die beste Kauff-
manschafft rauhes Futter / sie haben wenig
Geld / an statt des Geldes brauchen sie ihre
Wahren/als Zobel/Herlem und dergleichen.

Lieffland.

LJeffland ist die letzte Provinz der Römischen
Christen / stosset gegen Mitternacht an
Preussen/die Tartarn überlauffen sie offt/ die
teutschen Herren oder Maltheser / haben das
Land zum Christlichen Glauben gezwungen.

Preussen.

PReussen die wohnen an dem Fluß Weich-
sel genandt/dieser Fluß laufft durch Preus-
sen/

Kleine
sen aus/von der Stadt Thorn biß nach Dan-
tzig/allda kompt sie biß ins Meer/die teutschen
Herren habens auch mit dem Schwerd zum
Christlichen Glauben gebracht / im Jahr
Christi 1256. ist ein lustiges fruchtbares Land/
reich am Getrdid und Vieh.

Moscovia oder Moscau.

MOscau ist ein groß Land/in die vierhundert
Meilen weit und breit / hat viel Provin-
tzen und Herrschafften/ reich von Silber und
Perlen/ist ein ebenes Land/ aber Wäldig und
Seeig/mit vielen Flüssen und Seen/voll Fisch
und Wildprät / sie können in zwey oder drey
Tagen mehr denn zweymahl hundert tausend
Mann wohlgerüst auffbringen/ in das Feld
zu ziehen. Jhr Getrdid wird selten reiff/ von
wegen der grossen Kälte/von Haber/ Honig
und Getrdid machen sie ein starckes Getränck/
wie der Brandwein/des Obsts und Weins haben sie ein Mangel / die Truncken heit ist bey
ihnen eine grosse Schand/ sie haben ein Grie-
chischen Glauben/ seynd dem Patriarchen zu
Constantinopel gehorsam/beten Christum an/
doch nicht in gleichem Wesen mit GOtt.

Russi oder Reussen.

REussen wird in drey Länder / nemblich in
das Unter Ober-und WeißReussen-Land
gethei-

getheilet/ein Theil erstreckt sich an Pohlen gegen Mitternacht an den Fluß Pevia/ gegen Auffgang an Moscau/ist ein fruchtbares Land/ daß ein Acker/der einmal gedünget/des Jahrs dreymahl Frucht bringet / das Graß wächst bey ihnen so hoch/daß es über einen Menschen gehet/sie haben auch viel Bienen / daher das beste Honig und Wachs kömpt.

Hessen.

HEssen gehet in Niedergang biß an Rhein/ gegen Auffgang stöst es an Thüringen und Sachsen/gegen Mitternacht an Braunschweig/den Nahmen Hessen hat es vom Berge Haso genandt/ überkommen/ haben wenig Wein in diesem Land/ allein am Rhein/aber viel Vieh und Früchte/diß Volck geneust grobe Speise.

Saxonia oder Sachsen.

DIe Sachsen (wollen etliche sagen) daß sie aus Britanien dahin kommen seyn/ zu suchen ein Ort zu bewohnen/haben die Thüringer aus dem Lande geschlagen/etliche sagen/sie seyn ein überbliebenes Volck von dem Heer Alexandri Magni,der ihnen zu früh gestorben/ und sie allda gelassen. Vor Zeiten opfferten sie dem Mercurio/ hatten auch viel Zauberer und
Aber-

Aberglauben. Käyser Carolus Magnus, hat sie zum Christlichen Glauben bekehrt.

Holland.

HOlland stoßt gegen Mitternacht an das Meer / an allen Orten in Gestalt einer Insel / zwischen den Armen des Reins eingefangen / ist ein Seereiches und Weidreiches Land haben kein Wachs / diß Volck ist Männlich / schön / starck vom Leib / gut von Sitten / treu und freundlich gegen den Leuten.

Seeland.

DIeses Land ist wässerig / gegen Auffgang hats Holland / gegen Mittag Flandern / stehet gantz im Wasser / ist Fruchtbar an Getraid / Volckreich / gegen GOtt andächtig / gegen die Menschen treu.

Flandern.

FLandern hat von Aufgang Teutschland / gegen Mitternacht Britannien / von Niedergang das Französische Meer / von Mittag Burgund / diß Land ist groß von Reichthumb / hat viel Weyd und Vieh / mit einem starcken wohlgestalten Volck / holdselig / freundlich / getreu / und ernstliche Leut.

Gallia.

Cosmographia.   45

t/oder Franckreich.

n Ort Europæ / in Nidergang
hen Hispanien und Teutsch-
/ und mächtiges Land / wird in
eilet / das überbürgische Franck-
as Gallische Meer / und sich am
und Rhein endet. Von etlichen
: genandt / ist 420 Welscher
nd 313 breit / das Land ist an Gü-
so mächtig / daß sie das Käyser-
je Zeit haben innen gehabt.

der Stadt Pariß.

Königliche Haupt-Stadt der
n den Seonischen Land legend /
Trojanischen Niderlage ihren
ar / da dem Sohn Priami bekom-
wollen / der mit seinem Sohn
t / nach dem Trojanischen Krieg
/ alda ein Stadt und Volck zu-
ariß hält der König Hoff / Ca-
hat eine Hohe Schul dahin ge-
nisio Areopagita dem Bischoff
Christlichen Glauben bekehret
Jahr nach Christi Geburt / ihre
hren sie täglich.

b ist fruchtbar / ein temperirte
D   gesun-

Kleine
gesunden Lufft/ Weyd und Getreyd reich / das Volck schön und weiß/ darzu frölich und freundlich/ traurigen Leuten seynd sie nicht hold.

Engelland/ Hibernia und Scotia

Anglia ligt ringsweit mit Meer umbfangen/ von allem Erdreich abgetheilet / die Nacht wird da zu Sommerszeit/ so das Solstitium ist/ nimmermehr finster/ und so der Tag am kürtzsten ist nimmermehr liecht.

In dieser Insel ist ein schönes Volck / fürnehmlich schöne Weibs-Personen / seynd auch gute Schützen/ aber furchtsam / da ist kein Wolff/ das Vieh geht ohne Hirten.

Hibernia ist halb eine grosse Insel/ als Engelland / dieses Land hat kein vergifftes Thier/ bleibt auch keines da / ein Lufft und fruchtbares Land/ von Weid/ Wiesen und Feld / ein Paradeiß des Volcks.

Hispania.

Die gröst Provintz in Europa / ist Hispania sonsten Hesperia genandt / fänget an von den Pirenischen Bergen/ und umb die Säulen Herculis herumb gehend / erstrecket sich biß an das Oceanische Meer/ gegen Mitternacht ligt es gegen Pirenischen Bergen/ sondern an allen Orten mit dem Meer beschlossen: ihre Grösse ist

Cosmographia.

ist schier unglaublich / soll in die 7000 Meilen lang und breit seyn. Dieses Land ist in zwey Theil und fünff Königreich getheilet.

Es ist alles fruchtbar in diesem Königreich/ das Saltz graben sie aus wie Ertz/kein schweren Nebel / Reiff und Ungewitter haben sie nicht/ alle Wasser seynd Fischreich / die Berge voll Wein/die Wälder voll Wild/das Feld voller Weyd/Frucht und Vieh.

Dieses Volck ist streitbar / so sie zu Pferd gefochten haben/steigen sie ab / und helffen denen zu Fuß. Das Spanische Reich hat seinen Ursprung nach der Zeit Tubal von Phaleg seinem Sohn gehabt. Dreyhundert gantzer Jahr haben sie mit den Römern/als Scipione/ Gracho/ Albino / Metello / und Pompeja Krieg geführet. Die Römer haben auch keinen einigen Krieg geführet / ohne der Spanischen Ritter. Es seynd auch viel Städt in Hispanien mit Römern besetzt worden.

Portugalia.

DAs eusserste Königreich Hispanien / oder Portugal genandt / hat von Mitternacht und Nidergang das Meer / Britannien von Mittag / Traconensem von Auffgang. Diß Volck ist vor allen auff dem Meer wol erfah-

Kleine

ten/hat viel frembde Inseln erfunden zu Wasser/ ein streitbar Volck/ mit dem Pfeilwerck künstlich/ sie haben auch die neue Welt erfunden.

Welschland.

ITalia ist eine edle Gegend in Europa/ nach der Meinung Solini/ zehenmal hundert tausend/ und zwantzig tausend Schritt lang/ vierhundert und zwantzig tausend Schritt breit/ andere meynen Roßlauff/ deren acht eine Meil machen/ in dieser fruchtbaren Gegend/ gegen Mittag ist eine gute gesunde Lufft/ köstliche Frücht/ Oel und Weinstöck.

Venedig.

VEnedig hat ihren Anfang von Venero dem Trojaner/ der mit den Athenienseren auf dem Adrianischen Meer nach der Schlacht Trajo dahin kam/ aus Paphlagonia mit seinem Volck vertrieben/ suchten ein gelegen Ort da sie wohnen wolten/ von diesen Venetis ist Venetia genandt: Dieses Land ist von dem grimmigen Attila grausamlich zerstört und verderbt worden/ nach zerstörung vieler Städt/ hat das Land den Nahmen verkehrt/ und nicht mehr Venedia/ sondern Lompardia geheissen. Die Stadt ist erst nach der Geburt Christi 456. erbauet

erbauet worden / ist eine grosse und mächtige Handelsstadt / auch an Gebäuden und Pallästen schön erbauet. Als man zehlt 1204. haben sie mit den Frantzosen Constantinopel erobert.

Polonia.

POlen ist ein grosses und weites Land / aber an vielen Orten unerbauet / gegen Auffgang an Reussen / gegen Mittag an Hungarn / gegen Niedergang an Böhmen stossend / diß Land ist Waldig und eben / ihr Tranck ist Bier und Brandwein / von Vieh / Futter und Acker fruchtbar / aber an Gold und Silber hat es nit viel / diß Volck ist fürsichtig / haben viel Bienenstöck und Bienen.

Ungerland.

HUngaria / sonsten Pannonien genandt / dahin die Hunnen kamen / und nach ihnen Hungarn nenneten / ligt von Auffgang gegen Italien / von Mitternacht an Teutschland / Oesterreich genandt: Diß land ist fruchtbar / Goldreich / hat viel Marmor / Metall / Viehweyd / Saltz und Wild / an vielen Orten reich an Wein / an Sitten Leben und Glauben unterschiedlich.

Die Haupt-Stadt dieses Landes war vor

50 **Kleine**
Zeiten Ofen / jetzt habens die Türcken / und wohnet ihr Bascha allda / der alle Gräntz Häuser regieret.

Græcia, oder Griechenland.

GRæcia, ist vom König Græco, Græcia genandt / endet sich von Mitternacht an Misia und Bulgaria, von Mittag an Macedonia, diß Land ist allenthalben mit dem Meer / ausserhalb gegen Mitternacht umbfangen / nach Christi Geburt ist Græcia von dem Apostel Paulo zum Christlichen Glauben bekehrt worden / doch bald mit der Römischen Kirchen in vielen Stücken uneins / seynd auch viel Concilia alda gehalten worden.

Das XII. Capitel.
Vom dritten Theil der Welt/
AFRICA.

Der Discipul fragt.

Wie ist der dritte Theil der Welt beschaffen / der da heist Africa?

Der Magister antwort.

Gegen Europa ist Africa Volckreich / und fruchtbar / daß es den Arbeitern hundertfältig belohnet. In Mauritania seynd die Weinstöck

so

Cosmographia.

so groß/daß zween Mann einen haben zu umb-
fahen/die Reben so dick als ein Arm ist.

Africam schneidet der Nilus von Asia/ und
das Meer Mediterraneum von Europa/Asiam
aber scheidet der Fluß Tanais von Europa/der
mehrer Theil Africa ist unbewohnt und wüst/
zum theil aus nähe der Sonnen/sonderlich gegen Mittag aus Unfruchtbarkeit des Sandes.
Die Leut in diesem Land essen Roß und rauhe
Thier. In Africa ist ein Berg heist Saba/da-
rinnen war die Königin aus Saba welche zum
Salomon kam/darbey ist eine Stadt heist Ga-
ma/darinnen ist ein Brunn/der ist des Tages
so kalt/und des Nachts so heiß/das ihn niemand
darff anrühren. In dem Mohrenland ist eine
Wüsten/voller Nattern und Drachen/an das
Land stosset das Wendel Meer / das ist also
heiß von der Sonnen / das es wallet / wie ein
Wasser in einem Kessel/darinn ligt der höchste
Berg heist Atlas/reichet über der Lufft hin.

Discipul.

Du hast mir gesaget wie die Welt zertheilet
ist / nun sag mir auch von den Insuln / die im
Meer seynd?

Magister.

Die erste Insul nach der Sündfluth war
Delas/hernach Colchos/darbey ligt Creta und

D 4

52 Kleine

ligt darbey Param/ von dannen kömpt der beste Marmorstein / und der edle Sardonix, in dieser Insul war Sibylla gebohren / darbey ligt Sicilien/ in der Insel ist ein Berg heist Ethna/ daraus allzeit Feuer brennen thut. In dem Meer seynd zween Berg / Scylla und Charibdis/ an den Ort kömpt kein Schiff / es sey dann verlohren / darbey ist eine Insel heist Sardania/ darinnen macht König Sardanis/ Herculis Sohn eine feste Burg/ in der Insel ist ein Kraut wanns ein Mensch isset/ lachet er seines Unglücks biß er stirbt / auch seynd weisse Schaff an diesem Ort / aus deren Wolle man den besten Scharlach machet/ auch ist ein Holtz darinn/ heist Ebenus. In dem Wendel-Meer ist ein Insul die heist Perdica / die ist allzeit grün/ riechet sehr wohl und süß/ wie das Paradeiß. Hiemit hast du auch was weniges von den Inseln/ so im Meer ligen/ nun folget der vierdte Theil America.

Das

Cosmographia.
Das XIII. Capitel.
Von dem vierdten Theil
America.

Der Discipul fragt:

Nun sag mir von America/ oder der neuen Welt.

Der Magister antwortet:

In America ist der fürnembste Ort Japonia / hat auff 82. Königreiche unter sich / ligt nechst an China/ ist dreymal grösser als Welschland/ ein zimblich kalt Land / da viel Regen/ Schnee und Eyß ist / haben wenig Kornbau/ aber viel Reiß/sie essen kein Fleisch dann Wildprät/mit Jagen belustigen sie sich / essen auch Roß und Hundsfleisch/von keiner Milch geniessen sie nichts/vermeinen es sey Blut/an Früchten ist bey ihnen kein Mangel / haben allerley Arten und Sorten/ihre Häuser seynd meistens theils auß Holtz gemacht / und mit Schindeln gedeckt/ sie haltens schön und sauber / mit schönen Tapeceteyen umbhenget. Sie haben keine grosse Begierde reich zu werden / der arme ist so gut bey ihnen als der Reiche / zu Meer und Land haben sie kein andere Kauffmanschafft/ als den Seidenhandel/ so allein in diesem Lande ist. Sie haben auch reiche Bergwerck mit güldenen

Kleine

denen Adern des besten Goldes: Sie seynd auch in allen Künsten erfahren / ihre Jugend ist sehr sinnreich / Uneinigkeit und Auffruhr ist bey ihnen bey Leibes-Straff verbotten / haben kein Gefängniß / ihr gröste Straff ist / das Land zuverweisen / sie haben kein Haar auf dem Kopff / als kein auf der Stirn ein Schopff / in ihrem Unglück und Widerwärtigkeit haben sie grosse Gedult und Sanfftmütigkeit. In Kleidung / Essen und allen Sachen seynd sie sauber / und haben eine schöne Ordnung / ihr Weibs Personen / so sie außgehen / gehen ihnen die Diener voran / und die Manns Personen hinden nach / wann sie schwanger werden / binden sie sich so starck / als wolten sie die Frucht im Leib ersticken / so bald sie gebohren haben / waschen sie das Kind im kalten Wasser / und der Mutter geben sie gar schlecht und wenig zu essen.

Discipul.
Sag mir von ihrem Essen und Trincken.
Magister.

Wann sie essen / sitzen sie auf der Erden / haben keinen Tisch / brauchen weder Tischtücher / Löffel / noch Messer / haben zween Messinge Stiel einer Spannen lang / mit diesen essen sie gar höfflich / haben keinen Wein / aus Reiß machen sie ein Tranck / das trincken sie nach dem Essen.

Cosmographia. 95

Essen. Auch haben sie ein Tranck/ist vermischt mit einem Kraut oder Pulver/heist Chaa/das halten sie in grossen Ehren/ auch Sachen die bey uns schlecht seyn/ seynd bey ihnen in hohen Werth/ um ein Geschirr/ das sie draus trincken/ geben sie zwey oder drey tausend Cronen/ gleichfals um ein eisernes Hosen oder Drey-fuß/Schüssel aus Erden/ 1000. 2000. Cronen/ ein schlechtes Gemähl darauff Vögel und Bäum gemahlet seynd/ halten sie sehr hoch/ so es von einem alten Meister herkommet/ ihre Wehren und Waffen/ die sie zum Streit brauchen/ seynd in grossem Werth: So viel ihre Sprach antrifft/ haben sie eine schöne und zierliche Sprach an Worten/ Sentenzen und Freundligkeit.

Disciput.

Was glauben sie in Japonia/ und was haben sie für Götter?

Magister.

So viel ihr Religion betrifft/ haben sie vielerley Secten/ fürnemlich aber zweyerley Götter/ einer wird genandt Camis/ welcher soll ein König in Japonia gewesen seyn/ den beten sie an/ und verehren ihn/ als wie die alten Heyden den Jupiter/ den andern nennen sie Foroques den verehren sie in China: Es seynd aber jetzt
viel

56 Kleine

viel Christen darinn / die Jesuiten haben viel
Collegia alda. Hiemit haſt du auch was we-
nigs von der neuen Welt/oder Japonia.

Das XIV. Capitel

Von Natur des Waſſers/und Urſprung der Winde.

Der Diſcipul fragt.

Was Natur iſt das Waſſer?

Der Magiſter antwortet.

Es hat drey Naturen das iſt: natabilis, la-
vabilis und potabilis, das bedeut/daß man darinnen ſchwimmen/waſchen/und es trincken.

Diſcipul.

Wie iſt das Meer beſchaffen?

Magiſter.

Das Meer verwandelt ſeine Natur nach
dem Mond/ſo der Mond wächſt / wächſt das
Meer auch ſieben Tag/und ſo er abnimt / nimt
das Meer auch ab.

Diſcipul.

Was iſt die Urſach / daß das Meer ab und
zunimbt?

Magiſter.

In dem Meer ſeynd groſſe Berg / gehen
groſſe Löcher darein/ſo das Waſſer hinein fält/
nimt

Cosmographia.

nimbt das Wasser ab/ so es wider herauß rinnet/ nimt es wider zu.

Discipul.
Woher kommen die Wind?
Magister.

Der Wind seynd vier/ die heissen Cardinales, an den vier Thären der Welt / von einem jeden kommen zween andere Wind die heissen Collaterales. Die Wind kommen auß dem Wendel Meer / dann es wallet an vier Enden an den Grund/ durch die grosse Bewegung und Zusammenstossung des Wassers / kompt der Wind / die Erden hat an vielen Orten grosse Löcher / darein kommen die Lüfft / davon die Wind kommen/ die täglich bey uns seyn.

Das V. Capitel.

Von dem Erdbidem.

Der Discipul fraget.
Woher kommen die Erdbidem?
Magister Antwort.

So die Winde in die hole Erde kosten / und wiederumb heraus wollen/ nicht mögen herauß brechen / bewehen und schütten die Wind die Erden.

Disci-

Kleine

Discipul.

Man siht und erfähret auch das Erdbiden geschehen an Orten und Städten / da nicht Löcher in der Erden seynd.

Magister.

Wo die Erden hart ist / da ist allzeit Wasser darinnen / so die Menge des Wassers an einem Ort kompt / und kan nicht heraus brechen / beweget das Wasser die Erden.

Discipul.

Wovon kompt es / daß sich die Erden auffthut?

Magister.

Die Erden ist beschaffen gleich wie ein Mensch / die Erd ist das Fleisch / die Stein hat sie für das Gebein / die Wurtzeln für die Adern / Kraut und Bäum für das Haar / wann der Wind kompt unter die Erden / so brechen die Adern / und gewinnet der Wind grosse Krafft / daß es die Erden von einander thut.

Discipul.

Wie ist Sicilien beschaffen?

Magister.

Sicilia das Land ist unter der Erden so hohl und voller Schwefel / das es rauchet / an manchem Ort auch das Feuer brennet / das kompt davon / daß die Erd mit Feuer und Schwefel durch-

Cosmographia
durchfüllet ist. Es sagen etliche Gelehrte / der
Höllen Thau solle dadurch schlagen.

Discipul.

In dem Meer ist ein Ort/ da bellen die Hund
unter dem Wasser/ woher kompt das?

Magister

Der Ort heist Sylla/ und sagen die Bücher/
daß das Meer allda in die Höll falle / es wird
das Gestöß also groß / so das in die Gruben fäl-
let/ daß die Leut gedencken/ die Hund bellen unter dem Wasser.

Discipul.

Wovon kompt die Kälte oder Frost?

Magister.

Gleich wie die Hitz von dem Feuer / also
kompt auch die Kälte von dem Wasser / wann
uns die Sonn nahend ist/ so haben wir die Hitz/
so sie fern von uns ist/ haben wir Kälte/ von diesen Dingen theilt sich das Jahr im Sommer
und Winter.

Das XVI. Capitel.

Von den Leuten unter uns / woher die
Nacht kompt/ und warum die Sonne
überzwerch laufft.

Der Discipul fragt.

Woher kompts/ daß die Sonne des Winters

Kleine

ters so hoch von uns ist / und des Sommers so nieder / auch die Tag im Winter so kurtz / und des Sommers so lange.

Magister Antwort.

Die Welt ist rund und schreiblicht / so die Sonne am allernidrigsten ist / so laufft sie über uns / so sehen wir sie zum längsten / dahero ist der Tag so lang / des Winters laufft sie zum allerobersten an den Himmel / so dünckts uns / wie es entzwerg lauffe / und ist schier unter die Erde kommen / daß wir sie nicht sehen / alsdann haben wir kurtze Tage.

Discipul.

Was sagstu von denen Leuten unter uns / die da heissen Antipedes?

Magister.

Weil die Erden rund und recht empor ist / so seynd die Antipedes brunten / und haben die Füß gegen uns / gleich wie wir gegen ihnen haben.

Discipul.

Was hält die Menschen auff / daß sie nicht fallen?

Magister.

Das ist allein die GOttes Krafft / welche die Erden aufhält / daß sie nicht fält / die hält auch die Leut unter uns / daß sie nicht fallen mögen.

Disci-

Cosmographia.
Discipul.

Wovon kompt Tag und Nacht?

Magister.

So die Sonne ober der Erden ist / haben wir den Tag/ so sie unter die Erden kompt/ haben wir die Nacht.

Discipul.

Wie kompt es / daß die Sonn überzwerg laufft an dem Himmel?

Magister.

Der Himmel ist rund / in dem Himmel laufft die Soñe und das Gestirn/ so die Sonne überzwerg lauffe / lauffen die Stern gerad / dann lieffen sie beyde die rechte Strassen / so irreten sie einander/ daß sie zubrächen.

Discipul.

Wie weit ist die Sonn von dem Gestirn?

Magister.

Als weit von der Erden biß an den Mond ist / dreymal so weit ist von der Sonnen biß an das Gestirn / und die Sonn hat ihre Kräffte von dem Gestirn / und verwandelt sich nach dem Gestirn / es seynd zwölff der Strassen an dem Himmel/ da die Sonne drinnen laufft über das Jahr/ die Strassen heissen die Bücher/ die 12. Himmlische Zeichen / das seynd die 12. Monat / in jeglichem wandelt sich die Sonne/ nach dem

dem Zeichen / das hat GOtt zu unsern Willen
und guten erschaffen/ dann lieffe die Sonn allzeit in einem Zeichen / so verwandelt sich das
Jahr nimmermehr / hätten entweder allzeit
Sommer/ oder stets Winter.

Das XVII. Capitel.
Von Eigenschafften der Planeten.

Der Discipul fragt.

Nun sage mir auch etwas von den Planeten?

Magister Antwort.

Der Planeten sind sieben / gleich wie sieben
Tag in der Wochen seyn/ also seyn auch sieben
Planeten: Zween dienen uns am allermeisten/
als die Sonn und der Mond / die andern lauffen untern Gestirn: einer heist Saturnus, der
laufft also hoch am Himmel/ daß er seinen Lauff
kaum in dreyssig Jahren erfüllet, der ander heist
Venus / den wir auch Abendstern nennen / der
vollendet seinen Lauff in zwey Jahren.

Discipul.

Woher kompts / das der Abendstern auch
Morgenstern genandt wirdt?

Magister

Magister.

Etliche Philosophi und Bücher sagen uns/ daß dieser Stern ein Jahr vor der Sonnen/ und ein Jahr nach der Sonnen laufft: so er vor der Sonnen laufft/ ists der Morgenstern/ so er nach der Sonnen laufft / ist der Abendstern. Mars ist der fünffte Planet/ dieser Stern gehet so hoch in dem Firmament / daß wir ihn sehen des Morgens vor der Sonnen / und des Abends nach der Sonnen. Der sechste Planet heißt Mercurius laufft sieben Jahr von der Sonnen. Der siebende ist Jupiter / laufft zwölff Jahr von der Sonnen/ ist der allerhöchste nach dem Saturno.

Discipul.

Wie groß ist ein Planet?

Magister.

Die Mathematici und Philosophi sprechen/ das der Mond also breit / als die gantze Erde/ ohne das Meer und Gewölck. Die Sonne ist zweymal grösser als der Mond / in welcher Breite und Grösse die Sonne ist / also seynd auch die andern Planeten.

Discipul.

Woher kompt es / daß die Stern so klein scheinen/ und sind doch so groß?

Magi-

Kleine

Magister.

Das macht die Höhe / wann die Sonne stand / wo die Sternen seynd / scheinet sie auch nicht so groß.

Discipul.

Was Natur seynd die Stern?

Magister.

Etliche seynd kalter Natur / etliche warmer / dieselbige Natur zeigt und hat der Mensch an sich / der nasser Natur ist / der ist still / und untreu / welcher kalter und nasser Natur ist / der redet viel / verzagt bald / wer da ist heisser und truckner Natur / der ist lustig und kühn / aber Geil und Unkeusch.

Das XVIII. Capitel.

Von dem Mond und Comet-Stern.

Der Discipul fragt.

Wie ist der Mond beschaffen?

Der Magister antwortet.

Der Mond ist der allerkleineste unter den Planeten / und laufft zu aller niedrigst bey der Erden / darumb richt sich alle Welt nach dem Mond.

Discipul.

Wie kompt es daß der Mond so bald voll wird / und so bald wieder abnimt?

Magi-

Cosmographia.

Magister.

Der Mond hat kein Liecht / dann von der Sonnen / so er bey der Sonnen ist / so ist er liecht und voll / so er dann von ihr komt / so nimt er ab/und mindert sich das Liecht/biß ihm die Sonne widerum nahet / alsdann nimt er wieder zu/und wird voll.

Discipul.

Woher kompt es/das der Mond die Zeichen so bald durchlaufft / und die Sonn so langsam?

Magister.

Die Sonne laufft krum / der Mond gleich und gerad / dahero die Sonne die Zeichen in einem Jahr durchlaufft/ der Mond aber in einem Monat/in dem Zeichen da die Sonn ein Monat ist / darinn ist der Mond nicht mehr dann drittehalb Tage.

Discipul.

Was ist das schwartz im Monde?

Magister.

Der Mond hat den Schein und das Liecht von der Sonnen/ also hat er auch die Hitz von der Sonnen / als der Mond erschaffen ward/ empfieng er des Wassers zuviel von der Erden es blieb auch ein Theil der alten Kälte in dem Liecht des Monds / das ist das schwartze im Mond.

Kleine

Discipul.

Was ist die Ursach / daß sich der Mond so offt wandelt / jetzt bald roth ist / bald keinen Schein hat?

Magister.

Das kompt daher / weil der Mond und die Sonn gleich / als eine Schnur über einander stehen / so ist die Sonne mächtig / das sie dem Mond das Liecht nimbt / dahero scheinet er also roth / so er aber gar keinen Schein hat / das ist ein Zeichen von Gott.

Discipul.

Lieber Meister woher kompt der Cometstern?

Magister.

Cometa ist ein Zeichen Gottes / die Bücher sagen / daß sey ein Liecht / daß GOtt mit seiner Gewalt entzündet habe in der Lufft / er scheinet gleich wie der Mond / und andere Stern / laufft aber nicht unter die Stern.

Das XIX. Capitel.

Von Finsternissen und Donner.

Der Discipul fragt..

Woher kommen die Finsternissen an Tag

Magister antwort.

Die Finsternuß kommen / so der Mond red-
übe

Cosmographia.

aber die Erden kompt / zwischen der Erd und der Sonnen / daß sie kein Schein haben mag / muß also Finster werden.

Discipul.
Woher kommen die Finsterniß an den Mond?

Magister.
Der Glantz von der Sonnen erstickt den Mond / daß er nicht scheinen mag / dann der Mond hat seinen Schein von der Sonnen.

Discipul.
Was ist die Ursach daß wir nicht alle Finsterniß sehen können?

Magister.
Das kömpt darvon / daß ein Gewölck von der Sonnen gehet / daß die Sonn nicht in das Land kan scheinen.

Discipul.
Wavon kömpt der Donner?

Magister.
So die vier Wind aus dem Meer kommen / und oben in der Lufft zusammen stossen / so wird verursacht / daß die Hitz und Kält mit einander streiten / alsdann wird das Gestöß so groß / daß wir es hören als wenn es donnert.

Discipul.
Wovon kommen die Donnerstein / welche uff die Erden fallen?

Magi-

Magister.

So auff der Erden grosse Hitz ist / ist in der Lufft grosse Kälte / alsdann hebt die Kälte den Nebel und Thau mit sich in die Lufft / so fähret die Lufft auff den Nebel / der Wind bläset sie zusammen / das Wasser und Nebel zusammen gefrieren/darauß wird Stein so auff die Erden fället.

Das XX. Capittel.
Von Haget / Blut / Frösch / und Regen Würmen.

Der Discipul fraget.

Woher kompt es / daß es zu Sommerszeit hagelt und nicht im Winter?

Der Magister antwortet.

Das kompt von der Sonnen: Im Sommer ist die Sonne so kräfftig / daß sie die Vapores, Nebel und Feuchtigkeit mit sich in die Lufft ziehet / weilen die Sonne nahend ist; im Winter ist die Sonne weit von uns / ist auch nicht so kräfftig / daß sie die Feuchtigkeit möge außziehen / und behalten / daher wird des Winters kein Hagel.

Discipul.

Woher kompt es daß Blut regnet?

Magi-

Cosmographia.

Magister.
Sonne etwan sehr starck in ein
:heinet / ziehet die Sonn den ro=
die Lufft / so es alsdann auff die
heinet es als Blut.

Discipul.
ie Ursach / daß an etlichen Orten
blut regnen thut?

Magister.
icht / wo viel Moß und Mor ist
ich viel Kröten und Frösch darin.
die Sonn an sich/ und läßt sie wi=
weil die Lufft nicht behalten mag/
t es / daß sie aus den heissen und
chtigkeiten von der Sonnen ge=
men.

Das XXI. Capitel
den Regen-Bogen.

Der Discipul fragt.
ommen die Regenbogen?

Magister Antwort.
tige Thau von der Sonnen gehet
ie Lufft theilet / biß er zu Gewölck
pts daß die Sonne überzwerg sche=
nn wandelt sich das Gewölck nach

den vier Elementen: die Grüne hat er von dem Wasser/das Blaue von der Lufft/die Röthe vom Fewer/und die braune Farb von der Erden.

Discipul.

Warumb seynd die Brunnen im Winter warm/und im Sommer kühle?

Magister.

Zu Sommerszeiten ist die Kälte unter der Erden/im Winter die Hitz.

Discipul.

Warumb ist das Meer gesaltzen?

Magister.

Ursach ist die/weil die Sonn allzeit darein scheinet.

Discipul.

Woher kompt Thau und Reiffen?

Magister.

So die Hitz des Tages in der Lufft bleibet/des Nachts gefrieret der Thau/und wird zu Reiffen.

Discipul.

Wie kompt es/daß die Menschen etliche kurtz/etliche lang seyn?

Magister.

Das kompt von der Natur der Weiber/fette Leute bekommen meistentheils kleine Kinder/denn ihre Fettigkeit ersticket die Materi daraus das Kind

Cosmographia.

Discipul.

Lieber Meister/ was ist die Ursach / daß alle Thier von einer Materi seyn/ und doch einander ungleich?

Magister.

Die Thier seynd alle von den vier Elementen kommen / sie empfangen aber die Materi ungleich/ die Vögel empfangen mehrer Luffts/ als andere Thier / dahero schweben sie in der Lufft. Etliche empfangen des Wassers zu viel/ die schweben im Wasser/ als Enden/ Gänß und Fisch: Etliche des Fewers und der Erden zuviel/ als der Löw/ Beer von der Erden Stärck vom Fewer zornig: etliche empfangen des Wassers und der Erden zuviel / als der Esel und Ochs/ nach diesen vier Elementen ist auch ein jeder Mensch erschaffen: aus der Farb erkennen die Medici des Menschen Natur / die ihnen helffen können.

Das XXII. Capitel.

Von dem Antichrist und Jüngsten Tage.

Der Discipul fragt.

Lieber Meister / sag mir zu einem End was vom Antichrist und dem Jüngsten Tag.

Magi-

72 Kleine
Magister Antwort.

Es sagen unterschiedliche gelehrte Authores, daß der Antichrist von einem alten bösen Weibe in Babilonia solle gebohren werden / und alsbald in seiner Mutter Leib mit dem Teuffel mit Leib und Seel erfüllet werden / mit Zauberey wird er die gantze Welt unter sich bringen/ die Reichen mit grossem Guth / dann er weiß und findet das Guth/ und die Schätze / die da verborgen seyn / die Armen bezwinget er mit grosser Bedrohung/ und ungerechten Urtheil/ die geistlichen / Mönch / Einsidel und andere fromme Gottesfürchtige Leute überwindet er mit Weißheit / Wohlredenheit / und andern grossen Zeichen / dann er heist Feuer von Himmel fallen/ und Todten aufferstehen / daß sie seiner Zeuchniß seyn/ er wird die alte Stadt Jerusalem erbauen/ daß man ihn anbete / gleich als Christum unsern HErrn und Seligmacher/ die Juden werden ihn mit grossen Freuden empfangen und verehren/ meynend/ es sey ihr Messias alsdann werden wiederumb kommen / aus dem Paradeiß/ Helias und Enoch/ in dem Alter sie verzuckt worden/ werden den Menschen Gottes Wort verkündigen / aber beyde / mit viel Christen vom Antichrist gemartert werden Nach vierdhalb Jahren wird er seinen Sitz un-

Ge-

Cosmographia.

Gezelt auff den Oelberg schlagen / und wollen gen Himmel fahren / wird aber durch Gottes Gewalt des jähen Todes erschlagen werden. Nach diesem wird kommen der Tag / daß Gott die Guten von den Bösen richten wird / die Engel des HErrn werden blasen das Horn / welches ist aus Lufft gemacht / die Todten werden wiederumb aufferstehen mit Leib und Seel aus den Gräbern / zu Mitternacht wird kommen unser Heyland / gleich wie ein Keyser in einer Stadt empfangen wird / welchen man vorträgt / die Cron / und Käyserliche Geztierten / also kömpt GOtt an das Jüngste Gericht / die Engel werden Ihm vortragen das H. Creutz / die Cron / Geissel / und was zu seiner Marter hat gehört / die Todten und Lebendigen kommen Ihm mit Sorgen entgegen / die vier Elementen werden betrübet mit grossem Ungewitter des Feutrs / und der Kälten / sie werden wieder einander toben und streiten / die Frommen und Gerechten werden gesetzt zur rechten Hand Gottes / und als die Adeler gen Himmel fahren / und die Ungerechten zur Lincken / und werden fallen als das Bley in die ewige Verdamniß / wo nichts ist als Heulen und Zähnklappern: Den guten wird GOtt erscheinen in der Schöne / als Er erschienen auff dem Berg Sinai / den Bösen erschröcke

schröcklich und in seiner Marter/ Er wird sitzen
auff einem Stuhl aus der Lufft gemacht / die
zwölff Apostel sitzen auch auf solchen Stühlen/
die Juden werden Ihn sehen / wie sie Ihn ge=
martert haben. Nach dem Gericht nimbt der
Teuffel alle die ihm befohlen seyn / und führet
sie in Abgrund der Höllen: Es wird brennen
die gantze Welt / die Wasser werden gehen 15.
Klafftern über das Gebürg/ Frost/ Hitz/ Hagel
Donner/ wird alles zergehen.

Das Letzte Capitel.
Von der Freude der Seligen.

Der Discipul fragt.

Lieber Meister / sag mir mit Freuden zum
Beschluß von den Freuden der Seligen.

Magister antwort.

Die in die ewige Freud und Seligkeit kom=
men/ haben sieben Freuden am Leib/ und sieben
an der Seel: Am Leib haben sie Schnelligkeit
Stärck/ Freyheit/ Wohllust/ Gesundheit und
Einigkeit: An der Seel haben sie Weißheit/
Freundschafft/ Einbildung/ Gewalt / Sicher=
heit und Sättigkeit.

Der Magister spricht zum Discipul: Wärest
du nicht glückseelig / wann du wärest so schön
als Absolon/ also schnell als Asahel / der den

Vö=

Cosmographia. 79

ûg ein vorlieff/ so starck als Samson/ der mit einem Kniebein etliche tausend Mann erschlug/ so mächtig und gewaltig / als Käyser Augustus / der die gantze Welt unter seiner Gewalt hatte/ so weise und gelehrt als Salomon / der alle Wissenschafft hatte / so gesund als Moses der niemal an einem Glied kranck war/ so lange lebst als Mathusalem / der neunhundert und 69. Jahr lebet/ auch die Lieb hätte / als unter dem David und Jonathan war/ da keiner ohne den andern was thäte / als GOtt allein / so streitbar als Alexander Magnus / der Asiam/ Europam und Africam unter seinen Gewalt brachte: So von den Menschen geliebt und in Ehren gehalten / als Joseph von den Egyptern / die ihn anbeteten als einen GOtt.

D. Nie alles dieses wäre nichts / und ein lautere Eitelkeit gegen den Himmlischen Freuden: Die schönheit Absolonis wäre ein Ungeschaffenheit / dann ihre Schöne ist siebenmahl schöner als die Sonne / die Schnelligkeit Asahälis ein Trägheit/ dann sie seynd so schnell als die Straalen von der Sonnen/ die Stärcke Samsonis / eine Kranckheit / dann ihre Stärcke ist so mächtig / daß sie die Berg umbkehren / Käysers Augusti Gewalt und
Frepe

76 Kleine Freyheit / ein Gefängnuß / dann sie so mächtig / daß sie durch ein Maur / wie Christus durch eine eyserne Thür / dringen. GOTT der Allmächtige geb Gnad / damit wir mögen kommen zu diesen Freuden.
Amen.

ENDE.